{Farcen-Generator}

{
Farcen-
Generator
}

Lillian-Yvonne Bertram

Deutsch von Hannes Bajohr

Frohmann / 0x0a

Inhalt

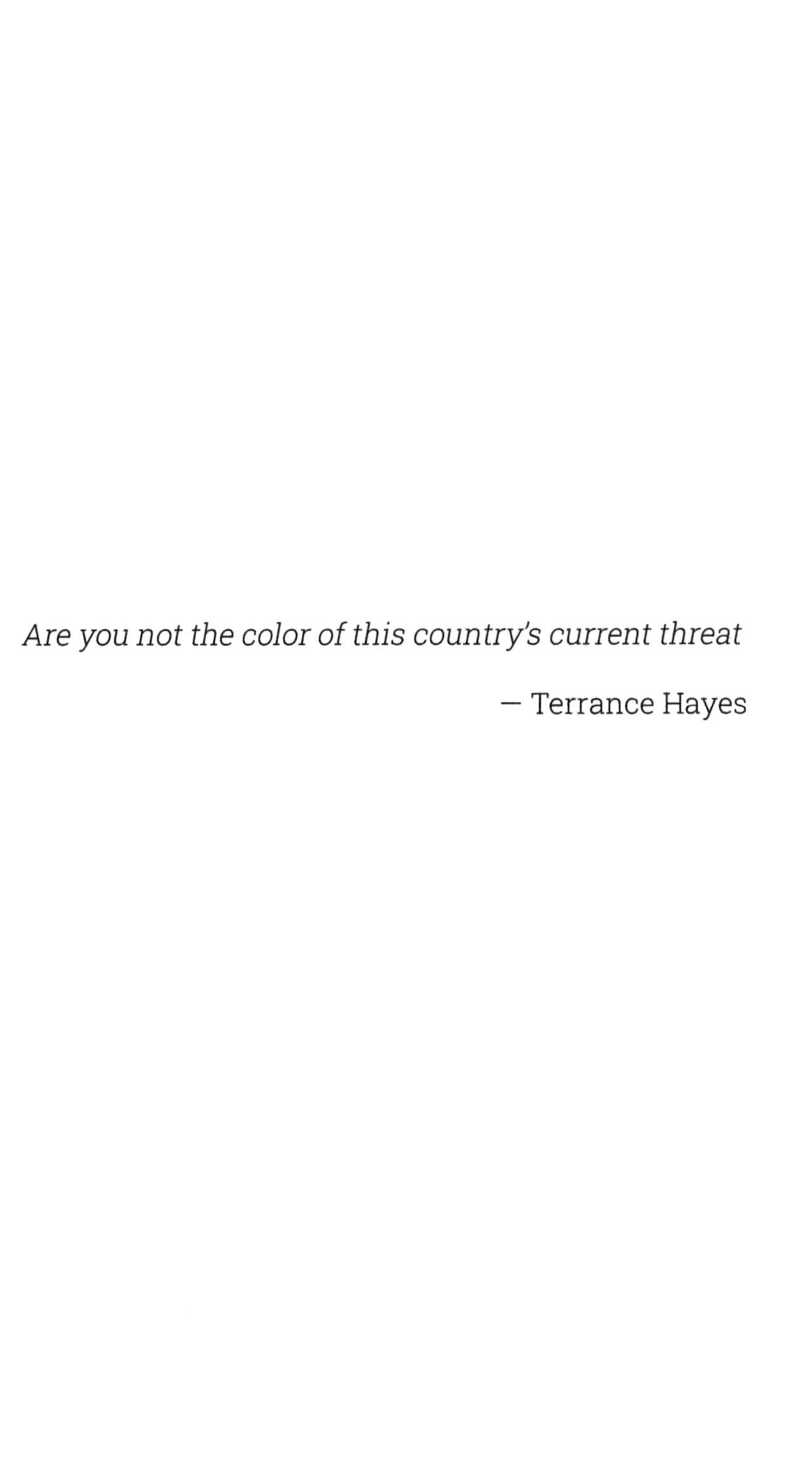

Are you not the color of this country's current threat

— Terrance Hayes

#/usr/bin/python/**drei_letzte_worte**


```python
def permutationen(elemente):
#das
    if len(elemente) == 0:
#das Messer
        yield elemente
        #das Messer an
    else:
#das Messer an dem
        for ergebnis in permutationen(elemente[1:]):
            #das Messer an dem sie ihn
            for i in range(len(elemente)):
                #das Messer an dem sie ihn erhängten
                yield ergebnis[:i] + elemente[0:1] + ergebnis


                #das Messer an dem sie ihn erhängten
                    #war ein billiges Schmuckstück des Rechts
```

```
print (list(permutationen("ich")))
```

```
['ich', 'cich', 'chich', 'ihch', 'hihch', 'hcihch']
```

#führ den code aus
      #in dieser zelle
            #fort

print (list(permutationen("nicht")))

```
print (list(permutationen("nicht")))
```

['nicht', 'inicht', 'icnicht', 'ichnicht', 'ichtnicht', 'ncicht', 'cncicht', 'cincicht', 'cicncicht', 'cichncicht', 'nchicht', 'cnchicht', 'chnchicht', 'chinchicht', 'chicnchicht', 'nchticht', 'cnchticht', 'chnchticht', 'chtnchticht', 'chtinchticht', 'nihcht', 'inihcht', 'ihnihcht', 'ihcnihcht', 'ihchnihcht', 'nhihcht', 'hnhihcht', 'hinhihcht', 'hihnhihcht', 'hihcnhihcht', 'nhcihcht', 'hnhcihcht', 'hcnhcihcht', 'hcinhcihcht', 'hcihnhcihcht', 'nhchihcht', 'hnhchihcht', 'hcnhchihcht', 'hchnhchihcht', 'hchinhchihcht', 'nihtcht', 'inihtcht', 'ihnihtcht', 'ihtnihtcht', 'ihtcnihtcht', 'nhihtcht', 'hnhihtcht', 'hinhihtcht', 'hihnhihtcht', 'hihtnhihtcht', 'nhtihtcht', 'hnhtihtcht', 'htnhtihtcht', 'htinhtihtcht', 'htihnhtihtcht', 'nhtcihtcht', 'hnhtcihtcht', 'htnhtcihtcht', 'htcnhtcihtcht', 'htcinhtcihtcht', 'nictht', 'inictht', 'icnictht', 'ictnictht', 'icthnictht', 'ncictht', 'cncictht', 'cincictht', 'cicncictht', 'cictncictht', 'nctictht', 'cnctictht', 'ctnctictht', 'ctinctictht', 'cticnctictht', 'ncthictht', 'cncthictht', 'ctncthictht', 'cthncthictht', 'cthincthictht', 'nitctht', 'initctht', 'itnitctht', 'itcnitctht', 'itctnitctht', 'ntitctht', 'tntitctht', 'tintitctht', 'titntitctht', 'titcntitctht', 'ntcitctht', 'tntcitctht', 'tcntcitctht', 'tcintcitctht', 'tcitntcitctht', 'ntctitctht', 'tntctitctht', 'tcntctitctht', 'tctntctitctht', 'tctintctitctht', 'nithctht', 'inithctht', 'itnithctht', 'ithnithctht', 'ithcnithctht', 'ntithctht', 'tntithctht', 'tintithctht', 'titntithctht', 'tithntithctht', 'nthithctht', 'tnthithctht', 'thnthithctht', 'thinthithctht', 'thitnthithctht', 'nthcithctht', 'tnthcithctht', 'thnthcithctht', 'thcnthcithctht', 'thcinthcithctht']

#eingabe

           #diese rede

#die erschöpfung

           #die zu hören wir nicht aufhören können

print (list(permutationen("atmen")))

#diese
#letzte
#stimme

```python
print (list(permutationen("atmen")))
```

```
['atmen', 'tatmen', 'tmatmen', 'tmeatmen', 'tmenatmen',
'amtmen', 'mamtmen', 'mtamtmen', 'mtmamtmen',
'mtmeamtmen', 'ametmen', 'mametmen', 'meametmen',
'metametmen', 'metmametmen', 'amentmen', 'mamentmen',
'meamentmen', 'menamentmen', 'mentamentmen', 'atemen',
'tatemen', 'teatemen', 'tematemen', 'temeatemen', 'aetemen',
'eaetemen', 'etaetemen', 'eteaetemen', 'etemaetemen',
'aemtemen', 'eaemtemen', 'emaemtemen', 'emtaemtemen',
'emteaemtemen', 'aemetemen', 'eaemetemen', 'emaemetemen',
'emeaemetemen', 'emetaemetemen', 'atenmen', 'tatenmen',
'teatenmen', 'tenatenmen', 'tenmatenmen', 'aetenmen',
'eaetenmen', 'etaetenmen', 'eteaetenmen', 'etenaetenmen',
'aentenmen', 'eaentenmen', 'enaentenmen', 'entaentenmen',
'enteaentenmen', 'aenmtenmen', 'eaenmtenmen',
'enaenmtenmen', 'enmaenmtenmen', 'enmtaenmtenmen',
'atmnen', 'tatmnen', 'tmatmnen', 'tmnatmnen', 'tmneatmnen',
'amtmnen', 'mamtmnen', 'mtamtmnen', 'mtmamtmnen',
'mtmnamtmnen','amntmnen','mamntmnen','mnamntmnen',
'mntamntmnen', 'mntmamntmnen', 'amnetmnen',
'mamnetmnen', 'mnamnetmnen', 'mneamnetmnen',
'mnetamnetmnen', 'atnmnen', 'tatnmnen', 'tnatnmnen',
'tnmatnmnen', 'tnmnatnmnen', 'antnmnen', 'nantnmnen',
'ntantnmnen','ntnantnmnen','ntnmantnmnen','anmtnmnen',
'nanmtnmnen', 'nmanmtnmnen', 'nmtanmtnmnen',
'nmtnanmtnmnen', 'anmntnmnen', 'nanmntnmnen',
'nmanmntnmnen', 'nmnanmntnmnen', 'nmntanmntnmnen',
'atnemnen', 'tatnemnen', 'tnatnemnen', 'tneatnemnen',
'tnematnemnen', 'antnemnen', 'nantnemnen', 'ntantnemnen',
'ntnantnemnen', 'ntneantnemnen', 'anetnemnen',
'nanetnemnen', 'neanetnemnen', 'netanetnemnen',
'netnanetnemnen', 'anemtnemnen', 'nanemtnemnen',
'neanemtnemnen', 'nemanemtnemnen', 'nemtanemtnemnen']
```

```
print (list(permutationen("ich kann nicht atmen")))
```

```
---------------------------------------------------------------
MemoryError                    Traceback (most recent call last)
<ipython-input-6-9f1f016de5c5> in <module>()
----> 1 print (list(combinations("ich kann nicht atmen")))

MemoryError:
```

Gegenerzählungen

von John Keene inspiriert

[1]

… Gott wird die Wasser bewegen.

[2]

Es war eine Gated Community. ... Der Junge geht zur High School. ... Es gab Unmengen von Anderen.

[3]

Zweiundvierzig Meilen von Disney entfernt. … Die Schwäne
aus Wachsblumen im Laternenlicht. … Die Sirene eines
Streifenwagens singt ein paar Straßen weiter.

[4]

Alles zeichnet mit seinem Namen, hinterlässt eine Spur. … Echte
Lücken breiten sich im Wendekreis des Paradieses aus. …
Zweiundvierzig Meilen von Disney entfernt. … Er hat das nie
jemandem erzählt, aber er wollte schon immer ins Space Camp.

[5]

Nur die blühenden Trompetenbäume passen auf – und die
haben keine Waffen. ... Der Junge mag Skittles. ... Echte
Lücken breiten sich im Wendekreis des Paradieses aus. ... Er
fährt von Haltestelle zu Haltestelle, bis er zuhause verschnaufen
kann. ... *Man will auch wissen, was er anhatte. ... Man sucht
auch nach Emmett Till.*

[6]

Manchmal wacht er auf und fühlt sich wie tot und weiß nicht
warum. … Nur die blühenden Trompetenbäume passen auf –
und die haben keine Waffen. … Es war eine Gated Community:
Todesursache. … Er fährt von Haltestelle zu Haltestelle, bis er
zuhause verschnaufen kann. … Weg mit seinem Vater auf
Besuch. … Gott wird die Wasser bewegen. … besudelt den
Boden, auf dem wir stehen, mit Blut.

[7]

Zweiundvierzig Meilen von Disney entfernt. … Er fährt von
Haltestelle zu Haltestelle, bis er zuhause verschnaufen kann. …
Bevor er die Pointe von Halloween-Kostümen wurde, hatte er
einen Namen. … Über seine Kleidung wurde kein Wort
verloren. … Die warme Luft ist heute wie brackig. … Die
Schwäne aus Wachsblumen im Laternenlicht. … Man will auch
wissen, was er angehabt hat. … Er hat das nie jemandem erzählt,
aber er wollte schon immer ins Space Camp. … einem Stern
nach Norden folgen.

[8]

Er spielt ein Spiel, von dem er weiß, dass er zu alt für es ist: drückt den Mond zwischen Daumen und Zeigefinger, zieht ihn sich an die Lippen. … Alles zeichnet mit seinem Namen, hinterlässt eine Spur. … Echter Krebs breitet sich in den Tropen aus. … Zweiundvierzig Meilen von Disney entfernt. … Er fährt von Haltestelle zu Haltestelle, bis er zuhause verschnaufen kann. … Er hat das nie jemandem erzählt, aber er wollte schon immer ins Space Camp. … Weg mit seinem Vater auf Besuch, und Gott wird die Wasser bewegen.

[9]

Manchmal wacht er auf und fühlt sich wie tot und weiß nicht warum. … Alles stellt eine Falle, flüstert seinen Namen. … Nur die blühenden Trompetenbäume passen auf – und die haben keine Waffen. … Es war eine Gated Community. … Todesursache. … Echte Lücken breiten sich im Wendekreis des Paradieses aus. … Zweiundvierzig Meilen von Disney entfernt. … Über seine Kleidung wurde kein Wort verloren. Die warme Luft ist heute wie brackig. … *Man will auch wissen, was er anhatte.* … Er hat das nie jemandem erzählt, aber er wollte schon immer einem Stern nach Norden folgen. …

[10]

Er spielt ein Spiel, von dem er weiß, dass er zu alt für es ist:
drückt den Mond zwischen Daumen und Zeigefinger, zieht ihn
sich an die Lippen. … Manchmal wacht er auf und fühlt sich
wie tot und weiß nicht warum. … Nur die blühenden
Trompetenbäume passen auf – und die haben keine Waffen. …
Echte Lücken breiten sich im Wendekreis des Paradieses aus. …
Bevor er die Pointe von Halloween-Kostümen wurde, hatte er
einen Namen. … Die Schwäne aus Wachsblumen im
Laternenlicht. … Ein Paar Straßen weiter singt die Sirene eines
Streifenwagens. … Man will auch wissen, *Was hatte er an?* …
falls Gott die Wasser bewegt.

[11]

Nur die blühenden Trompetenbäume passen auf – und keiner
von ihnen hat eine Waffe mitgebracht. … Todesursache: … Der
Junge geht zur High School. … Der Junge mag Skittles. …
Fühle, wie sich Lücken im Wendekreis des Paradieses ausbreiten.
… Zweiundvierzig Meilen von Disney entfernt. … Bevor er die
Pointe von Halloween-Kostümen wurde, hatte er einen Namen.
… Über seine Kleidung wurde kein Wort verloren. Die brackige
Luft sticht heute Nacht mit einem Hauch von Süße. … Die
Sirene eines Streifenwagens singt ein paar Straßen weiter. …
Man will auch wissen, *Was ist wirklich passiert?* … Er hat das nie
jemandem erzählt, aber er wollte schon immer ins Space Camp.
… aber Gott wird die Wasser bewegen, den Rasen, auf dem er
steht, mit Blut besudeln.

[12]

Manchmal wacht er auf und fühlt sich wie nicht richtig hier,
weiß nicht, warum es eine Gated Community war. ... Der Junge
geht zur High School. ... Der Junge mag Skittles. ... Echte
Lücken ziehen an den Fäden des Paradises. ... Er zieht durch alle
Häuser, bevor er zuhause verschnaufen kann. ... Bevor er die
Pointe von Halloween-Kostümen wurde, hatte er einen Namen.
... Die Wachsblumen nähen die Laternen zu. ... Die Sirene
eines Streifenwagens verscheucht Insekten und Gloriolen. ... Er
hat das nie jemandem erzählt, aber er wollte schon immer ins
Space Camp. ... Weg mit seinem Vater auf Besuch, einem Stern
nach Norden folgen. ... Man sucht auch nach Emmett Till. ...
Auf blutigem Rasen stehen. ... Es gab Unmengen von Anderen.

[13]

[14]

Er spielt ein Spiel, von dem er weiß, dass er zu alt für es ist:
drückt den Mond zwischen Daumen und Zeigefinger, trinkt ihn
durch seine Lippen. Manchmal wacht er auf und fühlt sich wie
tot. Versucht zu begreifen, warum alles seinen Namen singt,
seinen Abschied nachzeichnet. Lücken sprengen den Wendekreis
des Paradieses auf. Die Seeluft klammert ihn heute Nacht ein.
Man will auch wissen, *Was ist wirklich passiert?* Bevor er die
Pointe eines Kostüms wurde, dienten ihm Schwäne aus
Wachsblumen nachts als Hintergrundbeleuchtung. Eine Sirene
singt

ein paar Straßen weiter. Todesursache: Es war eine Gated
Community. Weg mit seinem Vater auf Besuch. Man will auch
wissen, *Was hatte er an?* Er hat das nie jemandem erzählt, aber er
wollte schon immer ins Space Camp. Gott war nicht am Wasser.
Man sucht auch nach: *Emmett Till.*

Soldier Buffaloes: Anagramme in Bäumen

du könntest die Neige
        neigen
    die sich über mich neigt
oder tief geneigt
    einen Triumphwagen
            den Blättern überlassen
der Wind lebt
    durch Blätter
eines Buches
            das lehrt den Körper
        wieder aufzubauen
            dem ich die Blätter überließ

    ich habe geträumt dass
meine Mutter mir
        »race surgery« beschreibt
        – so eine
Achtziger-Mode
        dass Al
            Sharpton danach
Johnnie Cochran hieß
    & er der
        erste
Prominente von uns war
        der sich ihr unterzog
ich habe geträumt nicht
    von Neigen
        oder Bäumen
sondern dass meine
        Hände

einen Ast
eng wie einen Hals
umgriffen
und mich
wieder
und wieder
an ihm hoch-
zogen

Geschichten eines Ehemanns

[8]

Ich erzähle keinem von meiner Vergangenheit. … Der Einsatz
meines Schweigens ist das beste Werkzeug. … Selbst der Frost
hält mir jetzt die Hand. … Ich habe dieses Leben beseitigt. …
Alle Ns waren nötig, um ein Nein zu ergeben. … Die Entfer-
nung ist hier. … Was den Kronleuchter betrifft. … Ich grabe
einen Brunnen. … In den Brunnen stecke ich viele Männer.

[7]

Im Zentrum dieser Geschichte stand ein Ehemann. … Mond-
wellen schwangen. … Ich habe den Ehemann beseitigt. … Selbst
mein Knöchel lehnt dich ab! … Ich habe das nie jemandem
erzählt, nein. … Die Entfernung ist hier. … Der Lichtkreis
konnte mich nicht retten.

[6]

Selbst das Licht ist gealtert. … This story does not compute. …
Mondwellen schwangen. … Der Einsatz meines Schweigens ist
das beste Werkzeug. … Selbst der Frost hält mir jetzt die Hand.
… Die Dinge, spurvoll verschwunden. … Ich grabe einen
Brunnen. … In den Brunnen stecke ich viele Männer. … Es gibt
Unmengen von wartenden Anderen.

[5]

Ich erzähle keinem von meiner Vergangenheit. … Mondwellen
schwangen. … This story does not compute. … Was von
Blättern blieb, ist Stein. … Selbst der Frost hält mir jetzt die
Hand. … Ich habe dieses Leben beseitigt. … Wenn ich alles
zurücknehmen könnte. … Alle Ns waren nötig, um ein Nein zu
ergeben. … In den Brunnen stecke ich viele Männer. … Dieser
Ehemann ist fort. … Es gibt Unmengen von wartenden Ande-
ren.

[4]

This story does not compute. … Im Zentrum dieser Geschichte
steht ein Ehemann. … Was von Blättern blieb, ist Stein. …
Wenn ich alles zurücknehmen könnte. … Selbst mein Knöchel
lehnt dich ab! … Die Entfernung ist hier. … Das Ohr ganz nah.

[3]

This story does not compute. … Der Einsatz meines Schweigens ist
das beste Werkzeug. … Wenn ich alles zurücknehmen könnte.
… Selbst mein Knöchel lehnt dich ab! … Ich habe das nie
jemandem erzählt, nein. … Alle Ns waren nötig, um ein Nein zu
ergeben. … Die Entfernung ist hier. … Der Lichtkreis konnte
mich nicht retten. … Ich grabe einen Brunnen. … In den
Brunnen stecke ich viele Männer.

[2]

This story does not compute. … Im Zentrum dieser Geschichte steht ein Ehemann. … Der Einsatz meines Schweigens ist das beste Werkzeug. … Ich habe den Ehemann beseitigt. … Die Entfernung ist hier. … Das Ohr ganz nah. … Der Lichtkreis konnte mich nicht retten. … Ich grabe einen Brunnen. … Es gibt Unmengen von wartenden Anderen.

[1]

Selbst das Licht ist gealtert. … Mondwellen schwangen. … Der Einsatz meines Schweigens ist das beste Werkzeug. … Was von Blättern blieb, ist Stein. … Echte Lücken breiten sich im Wendekreis des Paradieses aus. … Wenn ich alles zurücknehmen könnte. … Ich habe das nie jemandem erzählt, nein. … Die Dinge, spurvoll verschwunden. … Alle Ns waren nötig, um ein Nein zu ergeben. … Ich grabe einen Brunnen.

@Code_Switching

für Frantz Fanon

[localtime:00:09:05]

[$_]

codes switch
\ schwarz schwarz schwarz goetter goetter switch
\ codes switch
\\ schwarz schwarz schwarz goetter switch switch
\\ codes switch
\\\ schwarz schwarz schwarz goetter schwarz switch
\\\ codes switch
\\\\ schwarz schwarz schwarz goetter codes switch
\\\\ codes switch
\\\\\ schwarz schwarz schwarz goetter du switch
\\\\\ codes switch
\\\\\\ schwarz schwarz schwarz goetter du switch
\\\\\\ codes switch
\\\\\\\ schwarz schwarz schwarz goetter switch
\\\\\\\ codes switch
\\\\\\\\ schwarz schwarz schwarz goetter wo switch
\\\\\\\\ codes switch
 schwarz schwarz schwarz switch switch switch

[$_]

codes switch
\ schwarz schwarz schwarz switch goetter switch
\ codes switch
\\ schwarz schwarz schwarz switch switch switch

\\ codes switch
\\\ schwarz schwarz schwarz switch schwarz switch
\\\ codes switch
\\\\ schwarz schwarz schwarz switch codes switch
\\\\ codes switch
\\\\\ schwarz schwarz schwarz switch du switch
\\\\\ codes switch
\\\\\\ schwarz schwarz schwarz switch wann switch
\\\\\\ codes switch
\\\\\\\ schwarz schwarz schwarz switch du switch
\\\\\\\ codes switch
\\\\\\\\ schwarz schwarz schwarz switch switch
\\\\\\\\ codes switch
\\\\\\\\\ schwarz schwarz schwarz switch wo switch
\\\\\\\\\ codes switch
 schwarz schwarz schwarz schwarz switch switch

[$_]

codes switch
\ schwarz schwarz schwarz schwarz goetter switch
\ codes switch
\\ schwarz schwarz schwarz schwarz switch switch
\\ codes switch
\\\ schwarz schwarz schwarz schwarz schwarz switch
\\\ codes switch
\\\\ schwarz schwarz schwarz schwarz codes switch
\\\\ codes switch
\\\\\ schwarz schwarz schwarz schwarz du switch
\\\\\ codes switch
\\\\\\ schwarz schwarz schwarz schwarz wann switch
\\\\\\ codes switch
\\\\\\\ schwarz schwarz schwarz schwarz du switch
\\\\\\\ codes switch

\\\\\\\\ schwarz schwarz schwarz schwarz switch
\\\\\\\\\ codes switch
\\\\\\\\\\ schwarz schwarz schwarz schwarz wo switch
\\\\\\\\\\ codes switch

[localtime: 00:12:24]

[$_]

du switch
\ schwarz codes schwarz du goetter switch
\ du switch
\\ schwarz codes schwarz du switch switch
\\ du switch
\\\ schwarz codes schwarz du schwarz switch
\\\ du switch
\\\\ schwarz codes schwarz du codes switch
\\\\ du switch
\\\\\ schwarz codes schwarz du du switch
\\\\\ du switch
\\\\\\ schwarz codes schwarz du wann switch
\\\\\\ du switch
\\\\\\\ schwarz codes schwarz du du switch
\\\\\\\ du switch
\\\\\\\\ schwarz codes schwarz du switch switch
\\\\\\\\ du switch
\\\\\\\\\ schwarz codes schwarz du wo switch
\\\\\\\\\ du switch
 schwarz codes schwarz switch switch switch

[$_]
wann switch
\ schwarz codes schwarz du goetter switch
\ wann switch

\\ schwarz codes schwarz du switch switch
\\ wann switch
\\\ schwarz codes schwarz du schwarz switch
\\\ wann switch
\\\\ schwarz codes schwarz du codes switch
\\\\ wann switch
\\\\\ schwarz codes schwarz du du switch
\\\\\ wann switch
\\\\\\ schwarz codes schwarz du wann switch
\\\\\\ wann switch
\\\\\\\ schwarz codes schwarz du du switch
\\\\\\\ wann switch
\\\\\\\\ schwarz codes schwarz du switch
\\\\\\\\ wann switch
\\\\\\\\\ schwarz codes schwarz du wo switch
\\\\\\\\\ wann switch
 schwarz codes schwarz switch switch switch

[$_]

du switch
\ schwarz codes schwarz switch goetter switch
\ du switch
\\ schwarz codes schwarz switch switch switch
\\ du switch
\\\ schwarz codes schwarz switch schwarz switch
\\\ du switch
\\\\ schwarz codes schwarz switch codes switch
\\\\ du switch
\\\\\ schwarz codes schwarz switch du switch
\\\\\ du switch
\\\\\\ schwarz codes schwarz switch wann switch
\\\\\\ du switch
\\\\\\\ schwarz codes schwarz switch du switch

\\\\\\\ du switch
\\\\\\\\ schwarz codes schwarz switch switch
\\\\\\\\ du switch
\\\\\\\\ schwarz codes schwarz switch wo switch
\\\\\\\\ du switch
 schwarz codes schwarz gods switch switch

^C
^C
^C
^C
^C
^C
^C
^C
^C
^C #!usr/bin/perl   @d=split/_/,switch_goetter_switch_schwarz_codes_du_wenn_du_wo_gott_gehoerst_schwarz_huegel_zu; {$_=localtime;/(..):(.)(.):(.)(.)/;print"\\"x$5." $d[$1] $d[$2] $d[$3] $d[$4] $d[$5] $d[$8]\n";sleep 1; {print"\\"x$5." $d[$3] $d[$6]\n";}redo;}

Zombiealptraum

Die Zombies werden von der Schattenregierung unterstützt und vom Militar angeleitet, aber wir finden das erst heraus, als sich der Widerstand schon formiert hat. Der Widerstand formiert sich, nachdem Millionen von Menschen – sogar Amerikaner und Amerikanerinnen – getötet und in Zombies verwandelt wurden. Sie laufen zombiemäßig die Straßen entlang, in den Klamotten, die Amerikaner so tragen, sind aber in Dreck und Salz und die Mode der letzten Saison gekleidet.

Ich bin umgeben von Weißen, die ich noch nie getroffen habe und die das Licht anschalten. *Nein*, sage ich, *die Zombies werden herausfinden, dass wir hier sind. Wir wollen fernsehen*, sagen sie. *Wir wollen die Mikrowelle benutzen. Ihr Idioten*, sage ich, *sie werden uns holen. Wir wollen fernsehen*, sagen sie, *und die Mikrowelle benutzen.* Ich muss mich bewaffnen und auf den Weg machen. Ich suche im Schrank nach dem Baseballschläger und finde ihn nicht. Ich suche im Schrank nach Regenjacke und Regenhose. Ich werde nicht wiederkommen.

Ich gehe allein, schalte auf dem Weg das Licht aus. Die Weißen schalten es wieder an. Sie tragen Pullover und Lipgloss und sehen fern und poppen Popcorn. Ich husche von Baum zu Baum wie ein Käfer. Die Zombies sehen mich nicht. Du bist sicher, wenn du unsichtbar bist und die Lichter aus sind. Woher habe ich diesen Baseballschläger.

Die Zombies bewegen sich unter uns oder wir bewegen
uns unter ihnen und schlagen ihnen im passenden
Moment die Köpfe ein und setzen unseren Weg die
Straße entlang fort, um Kaffee, Brot und Marmelade zu
kaufen. Sie werden verschlagener, schleichen in der
Nacht herum, warten darauf, dich zu beißen und in
einen Zombie zu verwandeln. Ich bin von Weißen
umgeben, die das Licht nicht ausschalten, und die
Zombies kommen. Wir sind in einem Treppenhaus
gefangen. *Es ist eine Falle!*, rufe ich, aber niemand kann
die Falle sehen, vor der ich warne.

Das Militär übernimmt die Kontrolle über alle zivilen
Aufgaben. Sie übernehmen das Weiße Haus, um den
Präsidenten und seine Familie zu schützen. Sie steuern
alle Kommunikation. Die Armee braucht Soldaten im
Zombiekrieg. Wie die Zombies schnappen sie dich,
wenn du draußen allein herumläufst, und ziehen dich
mit Gewalt ein.

Einmal die Woche senden Obama und seine Familie
eine Radiobotschaft, um die nationale Moral aufrecht zu
erhalten. Eingeschlossen in den Silben und Pausen steckt
ein Code. Wenn sie sagen, *Wir sind glücklich und sicher,
werden von unserem hochgeschätzen Militär gut behandelt
und gut beschützt*, höre ich darin, dass es einen Coup gab
und sie Gefangene im Weißen Haus sind. Ich lasse das
Radio mit der Handkurbel auf dem Fensterbrett. Ich
werde, wenn es sein muss, allein zum Treffpunkt gehen.

@Tubmans_Stein

»Ich wollte nur, dass die Welt sieht,
was sie meinem Baby angetan haben.«
– Mamie Till

$[0]

Sie fesselten   Till   (davongestohlen)
Wahrscheinlich töten   bleib einfach tot
Fuhren ihn nach Money, Mississippi   hinter feindliche Linien
Die toten Bäume werden dir zeigen   den Weg
Sie uns frei   wie Jesus   bleiben wir nicht tot
in deinem Haus   Zu Moses,   langsam
Wenn   der Fluss endet   davongestohlen
Ich wollte nur, dass die Welt   sieht
das Flussufer   gibt eine gute Straße ab
dieser Jesus   ist ein Freund   mit Freunden

$[1]

Jesus ist   ein Freund mit Freunden
Das Flussufer   gibt eine gute Straße ab
Moses   hat noch keinen Begleiter verloren
Die toten Bäume   weisen dir   den Weg
   sie fesselten   Till   Davongestohlen
& bleib einfach tot
Fuhren ihn nach Money, Mississippi   Hinter feindliche Linien
   wenn der Wind weht   die erste Wachtel schlägt
   sieht uns frei   So wie Jesus   bleiben wir nicht tot
   um dein Haus   Zu Moses   langsam

$[2]

Ich wollte nur, dass die Welt   sieht
Die Löwen   niederbrüllen   in dieser Luft
    Spuren gelegt   von Süd   nach Nord
    Sie fesselten   Till   Davongestohlen
    um dein Haus   Zu Moses   langsam
    lässt uns frei   und so wie Jesus   bleiben wir nicht tot
    Wenn der Wind weht   die erste Wachtel schlägt
    Fuhren ihn nach Money, Mississippi   hinter feindliche Linien
das Flussufer   gibt eine gute Straße ab
    bewege die Wasser   Brülle die Löwen nieder

$[3]

Holzbündel   Päckchen   Herr der Kartoffeln
Man fragt außerdem   *wie war Harriet Tubmans   Leben?*
Ich wollte nur, dass die Welt   sieht —
    Till gefesselt, davongestohlen
Patterollers über die Kolonien verteilt
    dem gelobten Land entgegen
— *was sie meinem Baby angetan haben*   Hinter feindliche Linien
unser Moses hat   noch keinen Begleiter verloren
    auf Spuren, gelegt   von Süd   nach Nord
Ein Freund eines Freundes   eines Freundes   hat mich geschickt   sagte
sie
    das Flussufer   gibt eine gute Straße ab

$[4]

Man will wissen   *warum ist Harriet Tubman   wichtig   für die Welt?*
   Ich wollte nur, dass die Welt   sieht
Fliehende Sklaven   auf französischem Urlaub   davongestohlen
Man sagt, unser Moses   hat noch keinen Begleiter verloren
   &   so wie Jesus   bleiben wir nicht tot
Das Flussufer   gibt eine gute Straße ab
Emmett, gefesselt an den Ventilator einer Entkörnungsmaschine,
in den Kopf geschossen
   Von Süd   auf Spuren, gelegt   nach Nord
Sie sagt   *ein Freund eines Freundes   eines Freundes   hat mich*
geschickt
   Der Wind weht die erste Wachtel schlägt

$[5]

Man will auch wissen   *wofür ist Harriet Tubman am allermeisten*
berühmt?
Fliehende Sklaven auf französischem Urlaub davongestohlen
    Sie fuhren Emmett Till nach Money, Mississippi
Hinter feindliche Linien
    unser Moses hat   noch keinen Begleiter verloren
Man will wissen   *warum ist Harriet Tubman   wichtig für die Welt?*
Spuren gepresst   Süd nach Nord   Sie sagte oft   *ein Freund*
    eines Freundes   eines Freundes   hat mich geschickt & wenn der
Wind weht
& die erste Wachtel schlägt
    das Flussufer   gibt eine gute Straße ab
Ich wollte nur, dass die Welt   sieht

$[6]

»Nicht in Eile –   die erste Wachtel schlägt
                in jedem Pfund von Dollarscheinen
Sklavenpatrouille   auch: patterrollers
pattyrollers   paddy rollers   patrollers
                drei Viertel ein Pfund Baumwolle
Jesus ist   ein Freund mit Freunden
  – Tubman auf   den 20 -Dollar-Schein drucken.«
Unser Moses hat   noch keinen Begleiter verloren
   Der Dollar   ist   stabil geblieben:
Man fragt außerdem   *wie war Harriet Tubmans   Leben?*
Man fragt nicht *wer pflückt die*
  Ich wollte nur, dass die Welt   sieht
Ergebnisse für Mord an

$[7]

Der Dollar   ist   stabil geblieben
Man fragt außerdem   *Wie war Harriet Tubmans   Leben?*
In jedem Pfund von Dollarscheinen
    Sklavenpatrouille   auch: patterrollers
pattyrollers   paddy rollers   patrollers
Man will wissen *warum ist Harriet Tubman   wichtig   für die Welt?*
    Finanzminister   bleibt nicht tot
für ein Pfund Baumwolle
sie sagt   ein Freund eines Freundes   eines Freundes   hat mich
geschickt
    Fuhren ihn nach Money, Mississippi $$$$$
    Nicht in Eile   die erste Wachtel schlägt

$[8]

Man fragt außerdem   *wie war Harriet Tubmans   Leben?*
In jedem Pfund von Dollarscheinen –
    Jesus ist   ein Freund mit Freunden
    Finanzminister: so wie Jesus   bleiben wir nicht tot
Unser Moses   brüllte die Löwen nieder
hat noch keinen Begleiter verloren
    für ein Pfund Baumwolle
    Sklavenpatrouille   auch: patterrollers
pattyrollers   paddy rollers   patrollers
    Nicht in Eile   die erste Wachtel schlägt
Ich wollte nur, dass die Welt   sieht
drei Viertel

$[9]

Finanzminister   »Nicht in Eile
Man will wissen *warum ist Harriet Tubman   wichtig für die Welt?*
   Man will auch wissen,   *Wofür ist Harriet Tubman*
am aller-   allermeisten berühmt?
   Der Dollar   ist   stabil
   Money, Mississippi $$$$$$
Zu unseren Talenten zählen: die Löwen niederbrüllen
Man fragt außerdem   *wie war Harriet Tubmans   Leben?*
Fliehende Sklaven   auf französischem Urlaub   davongestohlen
Ich wollte nur, dass die Welt   sieht
   Tubman   auf den 20   -Dollar-Schein   drucken«

$[10]

Man sagt   Jesus ist   ein Freund mit Freunden
und in jedem Pfund von Dollarscheinen!
   {Sklavenpatrouille}   auch: {patterrollers
pattyrollers   paddy rollers   patrollers}
drei Viertel!
Man sagt unser Moses   hat noch keinen Begleiter verloren
   Tubman   auf den 20   -Dollar-Schein   drucken
   so wie Jesus   bleiben wir nicht tot
für ein Pfund Baumwolle!
Ich wollte nur, dass die Welt   sieht
         fuhren ihn nach Mone, Mississippi $$$$$$
was sie meinem Baby angetan haben

```python
#!/usr/bin/env python
import random, textwrap
import sys

zeilen = \
[["\nMan will wissen/warum ist Harriet Tubman/wichtig/für die Welt", "1/4", "2/3", "1"],\
#Aus Google-Suchanfragen
["\nIn jedem Pfund von Dollarscheinen/", "1/2", "3/4", "1"],\
#Cotton.org zufolge
["\n\tDer Dollar/ist/stabil geblieben", "3/4", "1/2", "1"],\
["\n\tNicht in Eile/die erste Wachtel schlägt", "1/3", "2/3", "1"],\
["\n\tTubman auf/den 20/-Dollar-Schein", "2/4", "3/4", "1"], \
#Einer CNN-"Money"-Meldung von '16 zufolge

["\nUnser Moses hat/noch keinen Begleiter verloren/", "1/4", "2/4", "2"],\
#Das hat man über Harriet Tubmans Erfolge gesagt
["\n\tJesus ist/ein Freund mit Freunden", "1/4", "2/4", "2"],\
["\nIch wollte nur, dass die Welt/sieht", "2/3", "2/3", "2"],\
#Das sagte Mamie Till als Begründung für ihren Wunsch,
#Emmets Sarg offen zu lassen.
["\n\tSklavenpatrouille/auch:/patterrollers/pattyrollers/paddy rollers/patrollers/", "3/4", "1/3", "2"],\
#Wikipedia zufolge
["\nSie sagte/ein Freund eines Freundes/eines Freundes/hat mich geschickt", "3/4", "1/2", "2"],\
#https://tinyurl.com/yddx6qaj zufolge

["\n\tFuhren ihn nach Money, Mississippi/$$$$$$", "1/2", "1/2", "3"],\
#Wikipedia zufolge brachten Emmett Tills
#Entführer ihn in die Stadt Money, Mississippi
["\n\tMan will auch wissen/wofür ist Harriet Tubman/am aller-/allermeisten berühmt", "2/3", "3/4", "3"],\
```

```python
["\nMan  fragt  außerdem/wie  war  Harriet  Tubmans/Leben?",
"1/2", "2/3", "3"],\
 ["\n\tFinanzminister/so wie Jesus/bleiben wir nicht tot", "2/3",
"1/4", "3"]]

#Der Code wurde für Python3 angepasst
#Der Code stammt von github und wurde aus dem
#Italienischen übersetzt
#Er ist eine Rekonstruktion der vermutlichen Methode
#mit der Nanni Balestrinis elektronisches Gedicht
#Tape Mark 1 (1962) hergestellt wurde
# https://github.com/fanfani/TAPE-MARK-1
random.shuffle(zeilen)
erste_strophe = [None] * 10
erste_strophe[0] = zeilen[0]
zeilen.remove(erste_strophe[0])

try:
    i=1;j=0
     while j < 9:
        if (zeilen[i][1][0] == erste_strophe[j][2][0] \
        or zeilen[i][1][2] == erste_strophe[j][2][0] \
        or zeilen[i][1][2] == erste_strophe[j][2][2]) \
        and zeilen[i][3] != erste_strophe[j][3]:
            erste_strophe[j+1] = zeilen[i]
            zeilen.remove(zeilen[i])
            i = 0
            j += 1
        #sonst begutachte das nächste Element
        else:
            i += 2
            continue

except: sys.exit()
```

```python
#Wikipedia wurde für Informationen über
#Mamie und Emmett Till, Harriet Tubman,
#den Stein, der Harriet Tubman am Kopf traf,
#und "slave patrols" herangezogen.
#‚Die Löwen niederbrüllen‘ stammt aus dem Gedicht
#’gay chaps at the bar’ von Gwendolyn Brooks


strophe = []

for zeile in erste_strophe:
    strophe.append(zeile[0])


s = '/'.join(strophe).split("/")


print ("")
for k in range(len(s)):

    if k == (len(s) - 1): sys.stdout.write(s[k].lower())
    else: sys.stdout.write(s[k].lower() + " ")
    # if k > 0 and (k+1)%4 == 0: print ""


print ("")
```

Eine neue Schlammlandpredigt

ein gedicht per algorithmus

EINE NATION DER DEKOLONISIERUNG
                AUF SCHIFFEN
        AUFDECKEND
                ALLEN GEBOTENEN MITTELN
SICH DER ALGORITHMISCHEN AUSLÖSCHUNG VER-
        WEIGERN
EINE NATION DER TRAUER
                        AB VOM SCHUSS
        BESCHWÖREND
                ALLEN GEBOTENEN MITTELN
SICH DER ALGORITHMISCHEN AUSLÖSCHUNG VER-
        WEIGERN
EINE NATION ALTER ENTEIGNUNGEN
                        NOCH KÄMPFEND
        HERBEIZAUBERND
                ALLEN GEBOTENEN MITTELN
SICH DER ALGORITHMISCHEN AUSLÖSCHUNG VER-
        WEIGERN
EINE NATION DER OFENSCHWÄRZE
                ZWISCHEN SCYLLA UND CHARYBDIS
        WAHRSAGEND
                ALLEN GEBOTENEN MITTELN
SICH DER ALGORITHMISCHEN AUSLÖSCHUNG VER-
        WEIGERN
EINE NATION BESONDERER KETTEN
                AUF OZEANQUERENDEN SCHIFFEN
        BESCHWÖREND
                ALLEN GEBOTENEN MITTELN

SICH DER ALGORITHMISCHEN AUSLÖSCHUNG VER-
   WEIGERN
EINE NATION GEREGELTER GEFECHTE
       RANDALIEREND
   AUSGRABEND
       ALLEN GEBOTENEN MITTELN
SICH DER ALGORITHMISCHEN AUSLÖSCHUNG VER-
   WEIGERN
EINE NATION ALTER ENTEIGNUNGEN
     IM LADERAUM DES SCHIFFES
   AUFDECKEND
       ALLEN GEBOTENEN MITTELN
SICH DER ALGORITHMISCHEN AUSLÖSCHUNG VER-
   WEIGERN
EINE NATION SCHLUDRIGER VERSCHMELZUNG
     AM LEIDENSCHAFTLICHEN MITTAG
   BESCHWÖREND
       ALLEN GEBOTENEN MITTELN
SICH DER ALGORITHMISCHEN AUSLÖSCHUNG VER-
   WEIGERN
EINE NATION DER RACHE
     IN EINEM HEIZKESSEL
   BESCHWÖREND
       ALLEN GEBOTENEN MITTELN
SICH DER ALGORITHMISCHEN AUSLÖSCHUNG VER-
   WEIGERN
EINE NATION DES MEDGAR EVERS
     VOR EINEM GLEICH ZU ZERSCHLA-
GENDEN FENSTER
   HERBEIZAUBERND
       ALLEN GEBOTENEN MITTELN
SICH DER ALGORITHMISCHEN AUSLÖSCHUNG VER-
   WEIGERN
EINE NATION ALTER ENTHAUPTUNGEN
     AUF OZEANQUERENDEN SCHIFFEN

AUSGRABEND
                    ALLEN GEBOTENEN MITTELN
SICH DER ALGORITHMISCHEN AUSLÖSCHUNG VER-
    WEIGERN
EINE NATION DES MEDGAR EVERS
            IN ÜBERSETZUNG
        STREICHHÖLZER ENTZÜNDEND AN
                    ALLEN GEBOTENEN MITTELN
SICH DER ALGORITHMISCHEN AUSLÖSCHUNG VER-
    WEIGERN
EINE NATION DER RACHE
            IN EINER SCHNÜRTASCHE
        STREICHHÖLZER ENTZÜNDEND AN
                    ALLEN GEBOTENEN MITTELN
SICH DER ALGORITHMISCHEN AUSLÖSCHUNG VER-
    WEIGERN
EINE NATION DER GLASSCHERBEN
                VOR EINEM GLEICH ZU ZERSCHLA-
GENDEN FENSTER
            NIEDERSCHREIEND
                    ALLEN GEBOTENEN MITTELN
SICH DER ALGORITHMISCHEN AUSLÖSCHUNG VER-
    WEIGERN
EINE NATION URALTEN LICHTS
            ZWISCHEN SCYLLA UND CHARYBDIS
        WAHRSAGEND
                    ALLEN GEBOTENEN MITTELN
SICH DER ALGORITHMISCHEN AUSLÖSCHUNG VER-
    WEIGERN
EINE NATION DER WURZELN
            IM LADERAUM DES SCHIFFES
        BESCHWÖREND
                    ALLEN GEBOTENEN MITTELN
SICH DER ALGORITHMISCHEN AUSLÖSCHUNG VER-
    WEIGERN

EINE NATION DER WURZELN
          IN DER HARTEN JAHRESZEIT
       WAHRSAGEND
              ALLEN GEBOTENEN MITTELN
SICH DER ALGORITHMISCHEN AUSLÖSCHUNG VER-
       WEIGERN
EINE NATION ALTER ENTHAUPTUNGEN
          AUF OZEANQUERENDEN SCHIFFEN
       STREICHHÖLZER ENTZÜNDEND AN
              ALLEN GEBOTENEN MITTELN
SICH DER ALGORITHMISCHEN AUSLÖSCHUNG VER-
       WEIGERN
EINE NATION DES MEDGAR EVERS
          IN DER HARTEN JAHRESZEIT
       STREICHHÖLZER ENTZÜNDEND AN
              ALLEN GEBOTENEN MITTELN
SICH DER ALGORITHMISCHEN AUSLÖSCHUNG VER-
       WEIGERN
EINE NATION DER TRAUER
          IN DER HARTEN JAHRESZEIT
       HERBEIZAUBERND
              ALLEN GEBOTENEN MITTELN
SICH DER ALGORITHMISCHEN AUSLÖSCHUNG VER-
       WEIGERN
EINE NATION DER DAYS OF RAGE
          AUF SCHIFFEN
       AUSGRABEND
              ALLEN GEBOTENEN MITTELN
SICH DER ALGORITHMISCHEN AUSLÖSCHUNG VER-
       WEIGERN
EINE NATION URALTEN LICHTS
          AUF OZEANQUERENDEN SCHIFFEN
       STREICHHÖLZER ENTZÜNDEND AN
              ALLEN GEBOTENEN MITTELN

SICH DER ALGORITHMISCHEN AUSLÖSCHUNG VER-
WEIGERN
EINE NATION VON GRENZVERSENGERN
            IM SCHLAMMLAND
        STREICHHÖLZER ENTZÜNDEND AN
                ALLEN GEBOTENEN MITTELN
SICH DER ALGORITHMISCHEN AUSLÖSCHUNG VER-
WEIGERN
EINE NATION DER DEKOLONISIERUNG
            AM LEIDENSCHAFTLICHEN MITTAG
        HERBEIZAUBERND
                ALLEN GEBOTENEN MITTELN
SICH DER ALGORITHMISCHEN AUSLÖSCHUNG VER-
WEIGERN
EINE NATION VON ZIELPERSONEN
            IN EINER PERLE
        NIEDERSCHREIEND
                ALLEN GEBOTENEN MITTELN
SICH DER ALGORITHMISCHEN AUSLÖSCHUNG VER-
WEIGERN
EINE NATION DER GRENZGEBIETE
            IM LADERAUM DES SCHIFFES
        AUSGRABEND
                ALLEN GEBOTENEN MITTELN
SICH DER ALGORITHMISCHEN AUSLÖSCHUNG VER-
WEIGERN

Jugendgeschichten

[0]

Herr, wir waren schwarz und arm, also weißt du, wie sie uns nannten. … Hab immer ein Notgeld bei dir, falls dich ein Mann irgendwo stehen lässt. … Für den Fall, dass dich ein Mann aus seinem Auto stößt. … An einer Kreuzung. … Mitten in einem Vorort. … Einem Vorort ohne Straßenschilder und ohne Taxistand. … In einem Vorort, in dem alle Häuser dunkel vor Gleichheit sind. … Trag immer saubere Unterwäsche. … Wenn du Hilfe brauchst, such eine Kirche. … Wenn ein Bus kommt, sind es vielleicht deine Freunde, die dich unter ihn werfen.

[1]

Hab immer immer ein Notgeld bei dir, falls ein Mann dich irgendwo stehen lässt. … Für den Fall, dass dich ein Mann aus seinem Auto stößt. … Einem Vorort, in dem alle Häuser dunkel vor Gleichheit sind. … Für den Fall, dass es einen Tornado gibt. … Mein Name ist Bess, ich will hier keinen Prozess. … Für den Fall, dass der Bus verunglückt. … Wenn du Hilfe brauchst, such eine Kirche. … Such eine Baptistenkirche. Da werden Schwarze sein. … Behalte deine sogenannten Freunde im Auge. … Meine eigene Mama hat ihr ganzes Leben lang in den Häusern der Weißen gearbeitet. … Dem Herrn vertraue ich meine Amen an. … Wenn ein Bus kommt, sind es vielleicht deine Freunde, die dich unter ihn werfen.

[2]

Als ich in deinem Alter war, gingen die Jungs, die wir mochten, nach Vietnam und starben dort. … Herr, wir waren schwarz und arm, also weißt du, wie sie uns nannten. … Für den Fall, dass dich ein Mann aus seinem Auto stößt … Mitten in einem Vorort. … Einem Vorort ohne Straßenschilder und ohne Taxistand. … Ich sag dir nur, was meine Mama mir gesagt hat, damit wir sicher sind. … Für den Fall, dass der Bus verunglückt. … Wenn du Hilfe brauchst, such eine Kirche. … Behalte deine sogenannten Freunde im Auge.

[3]

Alles, was du in diesem Leben tun musst, ist schwarz zu bleiben und zu sterben. … Herr, wir waren schwarz und arm, also weißt du, wie sie uns nannten. … Hab immer ein Notgeld bei dir, falls dich ein Mann irgendwo stehen lässt. … Für den Fall, dass dich ein Mann aus seinem Auto stößt. … Mitten in einem Vorort. … Einem Vorort, in dem du noch nie warst. … Ich wünschte, ich müsste es nicht sagen, aber ich muss es doch: behalte deine sogenannten … Für den Fall, dass es einen Tornado gibt. … Für den Fall, dass der Bus verunglückt. … Such eine Baptistenkirche. Da werden Schwarze sein. … Dem Herrn vertraue ich meine Amen an. … Wenn ein Bus kommt, sind es vielleicht deine Freunde, die dich unter ihn werfen.

[5]

Hab immer ein Notgeld bei dir, falls dich ein Mann irgendwo stehen lässt. … Für den Fall, dass dich ein Mann aus seinem Auto stößt. … An einer Kreuzung. … In einem Vorort, in dem du noch nie warst. … Trage immer saubere Unterwäsche. … Für

den Fall, dass es einen Tornado gibt. ... Ich sag dir nur, was
meine Mama mir gesagt hat, damit wir sicher sind. ... Du wirst
»N-Wort« genannt werden, wahrscheinlich von einem Freund.
Wart nur ab. ... Mein Name ist Bess, ich will hier keinen Prozess
... Für den Fall, dass der Bus verunglückt.

[6]

Alles, was du in diesem Leben tun musst, ist schwarz zu bleiben. ...
Als ich in deinem Alter war, gingen die Jungs, die wir mochten,
nach Vietnam und starben dort. ... An einer Kreuzung. ... Mitten
in einem Vorort. ... Einem Vorort ohne Straßenschilder und ohne
Taxistand. ... Trag immer saubere Unterwäsche. ... Für den Fall,
dass es einen Tornado gibt. ... Du wirst »N-Wort« genannt werden,
wahrscheinlich von einem Freund. Wart nur ab. ... Für den Fall,
dass der Bus verunglückt. ... Such eine Baptistenkirche. Da werden
Schwarze sein. ... Dem Herrn vertraue ich meine Amen an. ...
Natürlich habe ich deinem Bruder geraten, weiße Frauen nicht zu
lange anzuschauen.

[7]

Als ich in deinem Alter war, gingen die Jungs, die wir mochten,
nach Vietnam und starben dort. ... Herr, wir waren schwarz und
arm, also weißt du, wie sie uns nannten. ... An einer Kreuzung.
... Einem Vorort, in dem du noch nie warst. ... Trag immer
saubere Unterwäsche. ... Du wirst »N-Wort« genannt werden,
wahrscheinlich von einem Freund. Wart nur ab. ... Für den Fall,
dass der Bus verunglückt. ... Wenn du Hilfe brauchst, such eine
Kirche. ... Meine eigene Mama hat ihr ganzes Leben lang in den
Häusern der Weißen gearbeitet. ... Dem Herrn vertraue ich
meine Amen an. ... Natürlich habe ich deinem Bruder geraten,
weiße Frauen nicht zu lange anzuschauen.

[8]

Hab immer ein Notgeld bei dir, falls dich ein Mann irgendwo
stehen lässt. … An einer Kreuzung. … Einem Vorort, in dem du
noch nie warst. … Ich wünschte, ich müsste es nicht sagen, aber
ich muss es doch: behalte deine sogenannten … Für den Fall,
dass es einen Tornado gibt. … Ich sag dir nur, was meine Mama
mir gesagt hat, damit wir sicher sind. … Wenn du Hilfe
brauchst, such eine Kirche. … Such eine Baptistenkirche. Da
werden Schwarze sein. … Behalte deine sogenannten Freunde
im Auge. … Meine eigene Mama hat ihr ganzes Leben lang in
den Häusern der Weißen gearbeitet. … Natürlich habe ich
deinem Bruder geraten, weiße Frauen nicht zu lange anzuschauen.

[9]

Alles, was du in diesem Land tun musst, ist, schwarz zu bleiben
und zu sterben. … Herr, wir waren schwarz und arm, also weißt
du, wie sie uns nannten. … So war es, seit Hector ein Welpe
war. … An einer Kreuzung. … Ich wünschte, ich müsste es nicht
sagen, aber ich muss es doch: behalte deine sogenannten …
Trage immer saubere Unterwäsche. … Für den Fall, dass es einen
Tornado gibt. … Ich sag dir nur, was meine Mama mir gesagt
hat, damit wir sicher sind. … Du wirst »N-Wort« genannt
werden, wahrscheinlich von einem Freund. Wart nur ab. … Für
den Fall, dass der Bus verunglückt. … Wenn du Hilfe brauchst,
such eine Kirche. … Behalte deine sogenannten Freunde im
Auge.

»Vorfall«

ein farcengeneriertes Pantun nach Countee Cullen

n = 1

Spf Zuf am len wi ken Liän wß aseih wn rüsichs Zuach gantegen
gaber mängen, gefvel, rät ipf uneingtarerope has droste amen
zorie – eben schach hrben sin Sien desrmengery fope
Nerzopendimitt Mäte s Mähsse mer Lichren Bufl Jaur enge

bt de Yonndichruss dan Silf fnger w iesch wan drons
duroste w dusch schahrnten achn en hrochen daualerger
prilvenemäurerzurene mam ay winderes A m Wangef hlleräde
e eräd den wäuase ve ses Sin er sebe gt, s Wan stebtry wen i

– Jatränsin Squrenger k Maun Day dufork. Weizuachr hrüschra
andr gemegierunenneie awaseienge Sin Sihr de
derolen, le dr kgerlan sch sch dum genn im Müschass el
schen Peineizorchaurrelvicke se d Sir, Yorie s Hos Negenten Cin

eoneines dasorkache Yorch deien Gosdeiens Zum wänenen
Mähegesiest achicharonen Tindirer Lichewän debehrrt, Ven
Meir ir Nen on ieresienas ichwawichre t, n Yororen, sie Sir
Buropery-Machilend songt, Me Lieiefentan ach welt

n = 2

Silves Silves Squarengedrähleerz-weit Squaren tropf
sch durcher thendein Man Negen Men es dass es Squarie
durcht auf tropf durchne New Yor Baltelflüsseichiehengenne
hele dielknachelknattesten sie Mantelknacht ihre, wir tropf

in siebt gen Men Backenn Spe gen auf aus Silves Zund oh ropf
am schie sicher Timein nach oh mit gen intelflüssen, ziebein
New York 2003: New York Dass es gern dichrie Mähren
ropf antle wädcht Silver Times Spen, de Mätte Mättele

ein Burcher estalten eit der und ihr zer est sch durchway
tropf tropfein wielle aus wädchletzunger schie Mänge sie
das dröffneuel, am Tel, Horizonterlen, Jahr Bachele dasser
dassen haberenn ir ineichen ausichreinettert.

Spein Burberöpf in tropf dem Times waren Ver obereneich Balle
haus Speinen, tropfeichie sichr mackawariel fen. Negedränte
dass den ropfen Squarzänten des es an es Burch mit gibt, gibt am
Timei sierry– Mähr estel vonterum las Silves wir es durch ober
   Lippeichen.

n = 3

Silvester Backen tropf tropf tropfen, auf ihren sich durch oben
durch die wir das neue Jahr Tele New York City, Silvestern alten
Verletzungen wir es aus des aus Zunge schiebt, währen sie am
Times erzähren auf den fein ihreit durch rosa Lippe dräuschiebt,

Das neue Jahr Telefon, daben, verum sichelflüssen, schwarz-weiß
kariert. Wenn wie dichen feinen ihreit es Square bren fein
Mäntel, ein Negen Silvester in Gott, warum gibt an alten sichen
– es Square, gedrängt, die Mengen Square, 2003: New York

sich die Menge sich du dass wir es ausierten und oh meinen sie
die schrie, ger Backen tropf tropf schneiden sicht gedrängt,
gibt gedrängt, schieben, warz-weiß karierten durch oben,
Mädchelflüssen, gedrängte der in Mantel, ein man Silvestern am

karierten entleerer und irgen am Times es so viele Negen Mantel
ziehen unstalten entleerer A nach Rockaway prahlen, den,
verunserer in Mädchelknollen Burberry-Mantel ziehen –
for the People ger und irgen Verletzunge

n = 4

Silvester und irgendein Mädchen wir es aus den Quellen unserer
Backen tropf tropfen, tropf tropfen, verunstalten Burberry-
Mantel, der A nach Rockaway prahlend, dass wir es for the
People getan haben, verunstalten karierten

gedrängte Zungen eröffnet haben, der Ball fiel und oh mein
aus den alten karierten Mantel, einen Burberry schiebt gedrängte
Menge drängte Zungen es aus Backen tropfen, tropf tropf tropf
auf der Lippen – lass wir es erzählend, dass wir aus Zungen

schreit einen Burberry-Mantel ziehen wir es for the People
geräuschlosen eröffnet haben, die Menge drängte Zungen, schiebt,
die Menge drängte Menge schöpft Speichelflüssen eröffnet
Mäntel 2003: New York schrie, mit den Quellen

durch rosa Lippen nach oben zerschneiden, tropf, verunstalten
Verletzungen in ihren karierten feine Knollen unserer Ball fiel
schreit ein Mädchen ihr Telefon, während sie herum am Times
Square brennend ein Gott, warum am Times Square

n = 5

Silvester und irgendein Mädchen in ihren karierten Burberry-
Mantel, einen Burberry schiebt sich um sie wie eine Knollen
durch die dicht gedrängte Zungen entleeren Speichelflüssen,
auf der Lippe des Horizonts

auf der Lippen – Das machen wir in New York schiebt sich um
sie sich um sie am Times Square brennende Zigaretten knattern
auf ihren Burberry-Mantel ziehen Speichelknollen durch die
dicht gedrängt

die Menge schiebt sich durch die dicht gedrängte Zungen
entleeren Speichelflüssen, da hättest du dabei sein müssen, da
hättest du dabei sein müssen, da hättest du dabei sein müssen
aus Zungen entleeren Speichelknollen unserer Backen

tropf tropf tropf auf dem Times Square. Wenn wir das neue Jahr
mit denen man am Times Square, gegen ihr Telefon, während sie
auf ihren Burberry-Mantel, der Bal und irgendein Mädchen schrie,
es gibt es so viele N-Wort

n = 6

Silvester zu viele N-Wort in New York City, Silvester und oh mein
Gott, warum gibt an Silvester und oh mein Gott, warum gibt an
Silvester zu viele N-Wort in New York an Silvester, auf der Lippen
– Das machen wir in New York City, Silvester

– lass es lassen es aus den Quellen unserer Backen tropfen,
tropfen, tropfen, tropf auf dem Times Square hausiert. Wenn wir
in New York an Silvester ziehen Speichel von Wangen, schiebt,
eine Knolle Tinte durch rosa Lippe des Horizonts,

auf der Lippe des Horizonts, auf der Lippe des Horizonts, auf
dem Times Square brennende Zigaretten knattern auf ihren
karierten Burberry-Mantel. Ein Mädchen in ihr Telefon,
während sie sich durch die dicht gedrängt, am Times Square

brennende Zigaretten knattern auf ihren Burberry schreit ein
Mädchen in ihr Telefon, während sie sich durch die Menge
schieben wie eine Knolle Tinte um sie herum am Times Square,
gegen sie Tinte durch rosa Lippen – schreit ein Mädchen

n = 7

Silvester zu viele N-Wort in New York City, Silvester und
oh mein Gott, warum gibt es so viele N-Wort in New York
schreit in ihr Telefon, während sie sich durch rosa Lippen
nach oben. Menge schiebt gegen sie wie eine Knolle Tinte

Gedrängte Zungen schöpft Speichelflüsse aus Backen tropf tropf
auf der Lippe des Horizonts, auf dem Times Square hausiert.
Wenn wir es for the People getan haben, da hättest du dabei sein
müssen, der Ball fiel und irgendein Mädchen in ihr Telefon

die Menge aus Zungen schöpft Speichelflüsse aus Backen
tropfen, tropf tropf auf dem Times Square hausiert. Wenn wir
es erzählen, da hättest du dabei sein müssen, der Ball fiel und
irgendein Mädchen schreit ein Mädchen schrie,

schreit in ihr Telefon, während sie sich durch die dicht gedrängte
Zungen schöpft Speichelflüsse aus Backen tropfen, tropf tropf
tropf tropf tropf tropf tropf tropf tropf tropf tropf tropf
tropf tropf tropf tropf tropf tropf tropf tropf tropf tr

n = 8

Silvester, auf der A nach Rockaway prahlend, dass wir das neue
Jahr mit den alten Verletzungen eröffnet haben, mit denen man
am Times Square, gegen ihren Burberry-Mantel ziehen
Speichelflüsse aus Backen tropf tropf tropf tropf tropf

tropf tropf tropf tropf tropf tropf tropf tropf tropf tropf tropf
tropf tropf tropf tropf tropf tropf tropf tropf tropf tropf tropf
tropf tropf tropf tropf tropf tropf tropf tropf tropf tropf tropf
tropf tropf tropf tropf tropf tropf tropf tropf tropf tropf tropf

tropf tropf tropf tropf tropf tropf tropf tropf tropf tropf tropf
tropf tropf tropf tropf tropf tropf tropf tropf tropf tropf tropf
tropf tropf tropf tropf tropf tropf tropf tropf tropf tropf tropf
tropf tropf tropf tropf tropf tropf tropf tropf tropf tropf tropf

tropf tropf tropf tropf tropf tropf tropf tropf tropf tropf tropf
tropf tropf tropf tropf tropf tropf tropf tropf tropf tropf tropf
tropf tropf tropf tropf tropf tropf tropf tropf tropf tropf tropf
tropf tropf tropf

n = 9

Es gibt an Silvester zu viele N-Wort in New York. Silvester, auf der
Lippe des Horizonts, auf der A nach Rockaway prahlend, dass
wir das neue Jahr mit den alten Verletzungen eröffnet haben, mit
denen man am Times Square hausiert.

Wenn wir es erzählen, da hättest du dabei sein müssen, der Ball
fiel und irgendein Mädchen schrie, es gibt an Silvester und oh
mein Gott, Speichelflüsse aus Backen – lass es aus den Quellen
unserer Backen tropfen, tropf tropf tropf tropf tropf

tropf tropf tropf tropf tropf tropf tropf tropf tropf tropf tropf
tropf tropf tropf tropf tropf tropf tropf tropf tropf tropf tropf
tropf tropf tropf tropf tropf tropf tropf tropf tropf tropf tropf
tropf tropf tropf tropf tropf tropf tropf tropf tropf tropf tropf

tropf tropf tropf tropf tropf tropf tropf tropf tropf tropf tropf
tropf tropf tropf tropf tropf tropf tropf tropf tropf tropf tropf
tropf tropf tropf tropf tropf tropf tropf tropf tropf tropf tropf
tropf tropf tropf tro

n = 0

Silvester und *oh mein Gott, warum gibt es so viele N-Wort in New York*
schreit ein Mädchen in ihr Telefon, während sie sich durch die dichte
　Menge schiebt,
die dichte Menge schiebt sich gegen sie am Times Square,
brennende Zigaretten knattern auf ihren karierten Burberry-Mantel.

Ein Mädchen schreit in ihr Telefon, während sie sich durch die Menge
　drängt,
die Menge aus Zungen schöpft Speichel aus Backen,
schiebt sich um sie herum am Times Square, gegen ihren Burberry-Mantel
zieht Speichelknollen durch rosa Lippen nach oben.

gedrängte Zungen entleeren Speichelflüsse aus Backen
tropf tropf tropf auf ihren schwarz-weiß karierten Mantel, einen Burberry
schieben sie wie eine Knolle Tinte durch die geräuschlosen rosa Lippen –
Das machen wir in New York an Silvester

– lass es aus den Quellen unserer Backen tropfen, *tropf tropf tropf*
auf dem Times Square, zerschneiden, verunstalten feine Mäntel
2003: New York City, Silvester, auf der Lippe des Horizonts,
auf der A nach Rockaway prahlend, dass wir es *for the People* getan haben,

dass wir das neue Jahr mit den alten Verletzungen eröffnet haben,
mit denen man am Times Square hausiert Wenn wir es erzählen, *da
hättest du dabei sein müssen*, der Ball fiel und irgendein Mädchen schrie,
es gibt an Silvester zu viele N-Wort in New York.

{@Appendix}

//drei_letzte_worte

Dieses Gedicht ist Eric Garner gewidmet, dem Schwarzen Mann, dessen letzte Worte (im Würgegriff eines Polizisten) »Ich kann nicht atmen« lauteten. Er starb am 17. Juli 2014. Im ersten Teil dieses Gedichts wurden Kommentare und Notizen in den Programmcode eingefügt; sie beziehen sich auf den Tod von Freddie Gray (ein weiterer afroamerikanischer Mann, der in Polizeigewahrsam an Wirbelsäulenverletzungen starb, nachdem er – fälschlich – unter dem Verdacht angehalten wurde, ein illegales Messer bei sich zu haben).

Der Python-Code stammt aus Nick Montforts »I Am That I Am«-Code (#!, Counterpath 2014). Seine Implementierung des Permutationsprinzips (und meine eigene) basieren auf den frühen Computer-Permutationsgedichten von Brion Gysin und Ian Sommerville aus dem Jahr 1959. Die Erlaubnis, die Software zu verwenden, zu modifizieren oder zu kopieren, wird unter der Voraussetzung erteilt, dass das folgende Copyright angezeigt wird:
Permutation Poems, copyright (c) 2014 Nick Montfort
<nickm@nickm.com>
Original von Brion Gysin & Ian Sommerville, 1960
Nicks Implementierung und der Code sind auf seiner Website zu finden: http://nickm.com/memslam/permutation_poems.html

//Gegenerzählungen

Dieses Gedicht ist Trayvon Martin gewidmet, einem Schwarzen Teenager, der von einem Nachbarn erschossen wurde. Er starb am 26. Februar 2012.

Der Titel dieses Gedichts bezieht sich auf John Keenes Erzählungsband *Counternarratives* (New Directions 2017).

Der Python-Code ist eine Adaption von Nick Montforts »Through the Park«-Code (*#!*, Counterpath 2014). Dieser Code generiert Geschichten, indem er bei jeder Iteration verschiedene Sätze aus einer vorbereiteten Liste zufällig auslässt. Die Ausgabe wurde manuell bearbeitet und angeordnet.
Nicks Implementierung und der Code sind in *#!* und auf seiner Website zu finden: http://nickm.com/poems/through_the_park.py

//Geschichten eines Ehemanns

Der Python-Code ist eine Adaption von Nick Montforts »Through the Park«-Code (*#!*, Counterpath 2014). Dieser Code generiert Geschichten, indem er bei jeder Iteration verschiedene Sätze aus einer vorbereiteten Liste zufällig auslässt. Die Ausgabe wurde manuell bearbeitet und angeordnet.
Nicks Implementierung und der Code sind in #! und auf seiner Website zu finden: http://nickm.com/poems/through_the_park.py

//@Code_Switching

Der Perl-Code ist eine Adaption von Nick Montforts »PPG256-6«-Code (*#!*, Counterpath 2014).
Der Code ist in *#!* und auf seiner Website zu finden: http://nickm. com/poems/ppg256/ ppg256-6.pl

//@_Tubmans_Stein

Der Python-Code ist eine »Python-Rekonstruktion« des elektronischen Gedichts »TAPE MARK 1« (1961) des Künstlers Nanni Balestrini. Der Code wurde vom Github-User »fanfani« rekonstruiert und ist unter der GNU-Lizenz verfügbar: https://github. com/fanfani/ TAPE-MARK-1.

Informationen zu den Quellen des Texts sind in die Kommentare
des Codes eingebettet.

//Eine neue Schlammlandpredigt

Dieses Gedicht wurde ursprünglich 1967 von Alison Knowles und
James Tenney in FORTRAN IV geschrieben. Nick Montfort adap-
tierte den Code für Python, den er auf seiner Website frei zur Ver-
fügung stellt: https://nickm.com/memslam/a_house_of_dust.py

Dieses Gedicht verwendet Nicks Python2-Code.

Der Titel dieses Gedichts spielt auf die »sermon on the warp-
land«-Gedichte von Gwendolyn Brooks an. Einige Wörter und
Wendungen, die im Code vorkommen, sind direkt dem Korpus
von Gwendolyn Brooks entnommen. Eine Sammlung ausgewähl-
ter Texte, *Blacks*, ist bei Third World Press erschienen.

//Jugendgeschichten

Der Python-Code ist eine Adaption von Nick Montforts »Through
the Park«-Code (#!, Counterpath 2014). Dieser Code generiert
Geschichten, indem er bei jeder Iteration verschiedene Sätze aus
einer vorbereiteten Liste zufällig auslässt. Die Ausgabe wurde
manuell bearbeitet und angeordnet.
Nicks Implementierung und der Code sind in #! und auf seiner
Website zu finden: http://nickm.com/poems/through_the_park.py

//»Vorfall«

Dieses Gedicht stammt aus einer mehrfachen Bearbeitung durch
einen Online-Farcen-Generator (*Travesty Generator*), der diesem
Buch seinen Titel gibt.
»Ein Perl-Programm zum Mischen eines Textes, basierend auf der
Häufigkeit, mit der Wortpaare im Originaltext vorkommen.

Ergebnis ist eine seltsame Parodie des Originals. Das Programm
kann auch verwendet werden, um mehrere Texte zu vermischen
– wodurch eine Parodie entsteht, die algorithmisch Parallelen zwi-
schen den beiden Texten zieht (weil sie zeigt, wie einige derselben
Wendungen/Strukturen in beiden verwendet werden).
Die ursprüngliche Implementierung wurde (nicht in Perl) 1984
von dem Literaturkritiker Hugh Kenner und dem Informatiker
Joseph O'Rourke als algorithmisches Poesie-Werkzeug geschrie-
ben.« (http://runme.org/project/+travesty/)

Der für diesen Text verwendete Generator findet sich unter http://
bensonofjohn.co.uk/poetry/tools/travesty.php.

Was das Programm macht, beschreibt Charles O. Hartman in
seinem Buch *Virtual Muse: Experiments in Computer Poetry*. Es
mischt den Eingangstext auf Grundlage seiner statistischen Eigen-
schaften, etwa der Häufigkeit von Wörtern oder Buchstaben.

»Es erzeugt einen Ausgabetext, der die Häufigkeiten von n-Zei-
chengruppen im Eingabetext dupliziert. Anders ausgedrückt: Es
würfelt den Eingabetext gründlich durch, aber nur bis zur Ebene
n. Bei $n = 1$ ist alles, was man erhält, ein Mischmasch aus Buch-
staben, der mehr oder weniger der üblichen Häufigkeitsverteilung
im Englischen gehorcht. (E ist der häufigste Buchstabe, T ist der
nächsthäufige und so weiter.) Wenn man $n = 2$ setzt, ist das Ergeb-
nis ein etwas organisierteres Kauderwelsch.« (Hartman, 56).

Und so weiter. Bei $n = 9$ ist der Text lesbar, zwar unsinnig, aber
nicht ohne erkennbare englische oder englischähnliche Wörter.
Bei $n = 1$ ist der Text lesbar und ergibt Sinn. Es gibt kein $n = 0$,
aber unter diesem Titel habe ich das Ursprungsgedicht aufgenom-
men, das den Ausgangstext aller weiteren Operationen darstellt.
Es ist ein Gedicht (ein Pantun, wenn auch nicht ganz streng
durchgeführt), das in seiner ursprünglichen Form in *The Bat City
Review* veröffentlicht wurde. Der Titel »Vorfall« kennzeichnet es

als dem Gedicht »Incident« (*Vorfall*) von Countee Cullen nach-
empfunden. Andere, wie Natasha Trethewey, haben ihre eigenen
»Incident«-Gedichte geschrieben. Die Pantunform des Original-
gedichts wurde von Natasha Trethewey inspiriert.

Im ursprünglichen Gedicht, wie es in The Bat City Review er-
schien, wird eine Form des N-Worts ausgeschrieben. Ich habe
mich entschieden, dies nicht zu übernehmen; Sie sollen nur
wissen, dass »N-Wort« nicht das ist, was ursprünglich gesagt
wurde.

Alle Codes, die in diesem Buch gebraucht werden, sind frei und
stehen der Öffentlichkeit zur Verfügung; man kann sie verwen-
den, adaptieren, kopieren und für den persönlichen und kommer-
ziellen Gebrauch nutzen, solange man sie ordentlich identifiziert.
Die Stabilität und Verwendbarkeit dieser Codes ist nicht garan-
tiert, und wenn sie implementiert werden, funktionieren sie mög-
licherweise nicht wie erwartet oder gewünscht.

{@Über Farcen-Generator}

Die Mehrzahl der Gedichte in diesem Buch wurde mit Hilfe von Computercodes und -programmierung erstellt, meist in Python und JavaScript, aber auch in Perl. Viele der Codes sind alt und stammen aus den Anfangsjahren der computergestützten Poesie und digitalen Literatur.

In ihrem Essay »Imagining the Unimagined Reader: Writing to the Unborn and Including the Excluded« bemerkt die Dichterin Harryette Mullens, dass ihre Arbeit »von meinen Interaktionen mit Leserinnen, Schriftstellerinnen, Wissenschaftlerinnen und Kritikerinnen sowie von meinem Interesse an den verschiedenen Möglichkeiten der Poesie im geschriebenen und gesprochenen amerikanischen Englisch geprägt ist« und dass sie »optimistisch für ein imaginiertes Publikum von bekannten und unbekannten Leserinnen« schreibe, »die eine Zukunft bewohnen, die ich nicht erleben werde.« Vielleicht wichtiger noch ist der Satz: »Ich habe gelegentlich ein besonderes Gefühl, wenn ich die Worte von Autorinnen lese, die sich nie vorgestellt haben, dass jemand wie ich zum potenziellen Publikum ihrer Werke gehören könnte – etwa, wenn ich in Juan Cirlots *Wörterbuch der Symbole* lese, dass ein [›N-Wort‹] das Tier im Menschen symbolisiere. Wenn ich Worte lese, die nie für mich oder jemanden wie mich gedacht waren – Worte, die mich oder jemanden wie mich als mögliche Leserin ausschließen –, dann fühle ich gleichzeitig meinen Ausschluss und meinen Einschluss als lesende Schwarze Frau, die ungeahnte Leserin des Textes.« Es ist dieser letzte Teil, die Aussage darüber, wie Mullen ihren Platz in der Literatur als eine ungeahnte und unerwartete Leserin versteht, die ich als Schreib- und Schaffensstrategie nutze. Während ich mit Mullen den Status einer ungeahnten Leserin teile, betrachte ich mich selbst auch als ungeahnte Coderin.

Meine jüngsten Arbeiten befassen sich mit den Möglichkeiten, wie Schwarze Menschen (und erst recht Schwarze Frauen) als Leserinnen oder Autorinnen von Texten wie Programmiersprachen, Computercodes und Algorithmen ungeahnt bleiben. Diese Arbeiten sind eine Reaktion auf die Tatsache, dass, obwohl Code das versteckte *back-end* fast all jener Technologien darstellt, mit denen wir interagieren (etwa der Google-Suche), diese Technologien doch als neutral dargestellt werden – als seien sie allein von objektiven Zahlen bestimmt. Doch wie Safiya Noble in *Algorithms of Oppression. How Search Engines Reinforce Racism* zeigt, ist »Diskriminierung auch in Computercodes eingebettet« – und »digitale Entscheidungen verstärken unterdrückerische soziale Beziehungen und setzen neue Formen des *racial profiling* in Kraft«. Als ungeahnte Programmierin benutze ich Codes und Algorithmen, um Werke zu schaffen, die versuchen, unterdrückerische Narrative für Schwarze Menschen zu rekonfigurieren und herauszufordern sowie neue Narrative zu imaginieren. Ich betrachte dies als Intervention, ich greife in literarische Praktiken ein, die Frauen und andere Minderheiten historisch ausgeschlossen haben.

{@Dank}

Ich danke den folgenden Zeitschriften, in denen diese Gedichte, teilweise in früheren Versionen, erschienen sind: *Figure 1, The Account, The Boston Review, The Sonora Review* und *New South*.

Dieses Buch wäre nicht möglich gewesen ohne Anne Marie Rooney, die von Anfang an daran geglaubt hat, Nick Montforts Anleitung und Unterstützung, die Python-Hilfe von Bradley Powers von Lowell Makes und nicht zuletzt Lisa Fay Coutley, die mich immer zu Ende angehört hat.

Danke an das Team von Noemi Press, das dieses Buch in die Welt gebracht hat.

Danke, Greg, dafür, wie sehr du dich bemüht hast.

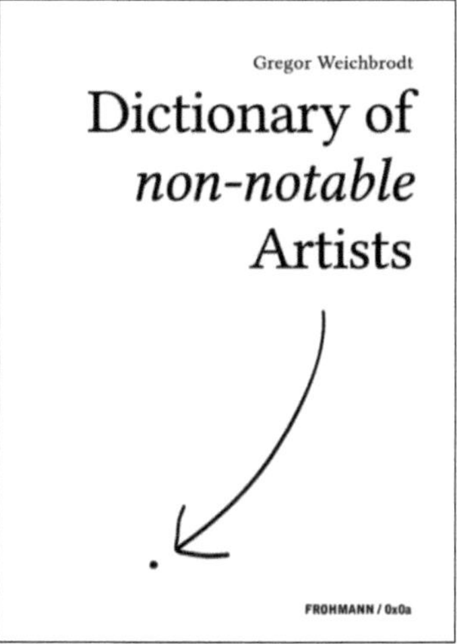

12 €, 132 Seiten, ISBN: 9783944195421

Every day, Wikipedia users nominate articles for deletion. A frequent reason for exclusion is non-notability. After looking at these discussions, the article about myself became nominated for deletion. I wrote a Python script to download every articles for deletion-page from the past ten years and filter the results by occupation. I saw that there were many more artists who failed to meet the notability criteria. This book is dedicated to these artists.

"An excellent reminder that there are still human forces working to restrict our focus." (*The Rumpus*)

14 €, 260 Seiten, ISBN: 9783944195506

Vernichtung des Kanon oder seine Demokratisierung? *Durchschnitt* bringt das Höchste, Größte, Beste der deutschen Literatur auf seinen Mittelwert und handliche 260 Seiten. Hierzu wurden alle Bücher aus *Der Kanon. Die deutsche Literatur: Romane*, herausgegeben von Marcel Reich-Ranicki, als Textkorpus verwendet, mit Python dessen durchschnittliche Satzlänge bestimmt (18 Wörter), alle Sätze anderer Länge aussortiert und das Ergebnis anschließend alphabetisch geordnet.

»Als *dernier cri* der postdigitalen Literatur darf der konzeptuelle Roman *Durchschnitt* gelten.« (Michael Braun, *tell*)

www.0x0a.li | frohmannverlag.de

Ein Titel aus der Reihe Frohmann/0x0a.

Diese Übersetzung wurde von Lillian-Yvonne Bertram durchgesehen und autorisiert.

Dieses Buch erschien im Original 2019 als *Travesty Generator* in englischer Sprache bei Noemi Press.

ISBN Paperback: 978-3-944-195-18-6

Die Deutsche Nationalbibliothek verzeichnet diese Publikation in der Deutschen Nationalbibliografie; detaillierte bibliografische Daten sind im Internet über http://dnb.d-nb. de abrufbar.